Superpoderes aos empreendedores: estratégias para ultrapassar o primeiro ano e decolar

Copyright © 2024 Reginaldo Osnildo
Todos os direitos reservados.

APRESENTAÇÃO

A FUNDAÇÃO DO SUCESSO EMPREENDEDOR

CONHECENDO SEU MERCADO

PLANEJAMENTO ESTRATÉGICO EFICIENTE

GESTÃO FINANCEIRA PARA EMPREENDEDORES

MARKETING DE BAIXO CUSTO, ALTO IMPACTO

A ARTE DA VENDA E NEGOCIAÇÃO

CONSTRUINDO UMA MARCA FORTE

DIGITALIZAÇÃO E PRESENÇA ONLINE

REDE DE CONTATOS E PARCERIAS ESTRATÉGICAS

O PODER DO FEEDBACK DO CLIENTE

INOVAÇÃO E ADAPTAÇÃO CONSTANTE

GESTÃO DE TEMPO E PRODUTIVIDADE

CONTRATAÇÃO E GESTÃO DE EQUIPES

SUPERANDO DESAFIOS E OBSTÁCULOS

SUSTENTABILIDADE E RESPONSABILIDADE SOCIAL

MANTENDO A SAÚDE MENTAL E O BEM-ESTAR

TECNOLOGIA E FERRAMENTAS PARA EMPREENDEDORES

APRENDIZADO CONTÍNUO E DESENVOLVIMENTO PESSOAL

EXPANSÃO DO NEGÓCIO E ESCALABILIDADE

AVALIAÇÃO DE DESEMPENHO E MÉTRICAS DE SUCESSO

NETWORKING EFETIVO

PREPARAÇÃO PARA O FUTURO E INOVAÇÃO

RESILIÊNCIA EMPREENDEDORA

EMPODERANDO-SE PARA O SUCESSO EMPREENDEDOR

REGINALDO OSNILDO

APRESENTAÇÃO

Bem-vindo ao mundo do empreendedorismo, onde cada decisão conta, cada estratégia faz a diferença e o caminho para o sucesso é tão desafiador quanto recompensador. Se você está dando os primeiros passos nessa jornada, saiba que não está sozinho. **"Superpoderes aos empreendedores: estratégias para ultrapassar o primeiro ano e decolar"** é o seu guia definitivo para navegar pelos mares turbulentos do início de um negócio e emergir não apenas intacto, mas em uma posição de força, pronto para crescer e expandir.

Este livro é mais do que apenas um manual; é uma bússola para orientá-lo através das complexidades do empreendedorismo moderno. Combinando sabedoria prática com estratégias inovadoras, este recurso foi projetado para prepará-lo para os desafios únicos do primeiro ano e além. A cada capítulo, você descobrirá as ferramentas, conhecimentos e inspiração necessários para transformar sua visão em realidade.

Através das páginas deste livro, você aprenderá a construir uma fundação sólida para o seu negócio, entender e aproveitar o mercado, elaborar planos estratégicos eficientes e gerenciar suas finanças com precisão. Vamos explorar o poder do marketing de baixo custo, a arte da venda e da negociação, e a importância de construir uma marca forte. Juntos, mergulharemos no mundo digital, expandiremos sua rede de contatos, aprenderemos a valorizar o feedback dos clientes, e muito mais.

Cada capítulo é um passo adiante na sua jornada empreendedora, projetado para ser completo em si mesmo, mas também uma parte integral de um todo maior. Ao fim de cada um, um convite para o próximo passo, garantindo uma transição suave e uma experiência de aprendizado contínua.

Este livro reflete minha jornada e as lições aprendidas ao longo do caminho, atualizadas para o contexto e desafios dos dias atuais. Com uma abordagem direta e focada em você, o empreendedor, **"Superpoderes aos empreendedores: estratégias**

para ultrapassar o primeiro ano e decolar" é o seu companheiro indispensável. Aqui, a teoria encontra a prática, a inspiração se funde com a ação, e o sonho de dirigir um negócio de sucesso se torna um objetivo tangível.

Prepare-se para embarcar nesta viagem transformadora. Os capítulos que se seguem não são apenas leituras; são degraus para o seu sucesso. E o primeiro passo começa agora, com a fundação do sucesso empreendedor. Vamos juntos desvendar o que é preciso para construir um negócio não apenas projetado para sobreviver, mas para prosperar em um mundo em constante mudança.

Seja você um sonhador, um fazedor, ou ambos, "**Superpoderes aos empreendedores: estratégias para ultrapassar o primeiro ano e decolar**" é o seu manifesto para o sucesso. A jornada à frente é emocionante, desafiadora e, acima de tudo, possível. Vamos começar.

Atenciosamente

Prof. Dr. Reginaldo Osnildo

A FUNDAÇÃO DO SUCESSO EMPREENDEDOR

A jornada de cada empreendedor começa com um sonho, uma ideia que aspira se tornar algo grande. Mas, para que esse sonho não desvaneça diante dos primeiros obstáculos, é essencial construir uma fundação sólida. Este capítulo é dedicado a entender a importância de estabelecer uma base firme para seu negócio, focando em três pilares fundamentais: missão, visão e valores.

MISSÃO: O SEU PORQUÊ

Sua missão é o coração do seu negócio, o propósito que o impulsiona. É o motivo pelo qual você se levanta todas as manhãs e enfrenta os desafios do dia a dia. Para definir sua missão, pergunte a si mesmo:

- **Por que minha empresa existe?**

- **Que problema eu estou resolvendo?**

- **Como quero impactar o mundo ao meu redor?**

Lembre-se, a missão é mais do que palavras em um papel; ela orienta suas decisões e estratégias, mantendo você alinhado com o que realmente importa.

VISÃO: O SEU DESTINO

A visão é a imagem de longo prazo do que você deseja que seu negócio se torne. Ela serve como um farol, guiando seus passos e mantendo sua equipe motivada, especialmente nos momentos difíceis. Sua visão deve ser ambiciosa, mas alcançável, inspirando crescimento e inovação.

Para definir sua visão, visualize onde você quer que seu negócio esteja daqui a 5, 10 ou 20 anos. Como ele impactará seus clientes, sua comunidade e talvez até o mundo?

VALORES: O SEU COMPASSO MORAL

Os valores são os princípios que norteiam o comportamento e as ações dentro da sua empresa. Eles criam a cultura organizacional e influenciam como sua equipe interage entre si e com os clientes. Seus valores devem refletir o que é mais importante para você e seu negócio, seja integridade, inovação, excelência ou compaixão.

Identifique de três a cinco valores centrais que definirão a maneira como sua empresa opera. Eles serão cruciais para construir uma marca autêntica e gerar confiança entre seus stakeholders.

CONSTRUINDO SUA FUNDAÇÃO

Com sua missão, visão e valores definidos, você tem a base sobre a qual construirá tudo o mais. Eles guiarão suas estratégias, ajudarão na tomada de decisões e atrairão clientes e colaboradores que compartilham de suas crenças. Lembre-se, uma fundação sólida não é apenas sobre sobreviver; é sobre criar um legado duradouro.

Com a base estabelecida, é hora de olhar para fora e entender o mundo em que seu negócio operará. No próximo capítulo, mergulharemos na arte de conhecer seu mercado. Vamos explorar como realizar uma pesquisa de mercado eficaz, identificar demandas não atendidas, compreender a concorrência e descobrir oportunidades de se destacar. Preparar-se para conhecer seu mercado é o próximo passo crucial para transformar sua visão em realidade. Juntos, descobriremos como sua missão, visão e valores se alinham com as necessidades e desejos dos seus clientes potenciais, garantindo que seu negócio não apenas sobreviva, mas prospere no ambiente competitivo de hoje.

Esteja você começando do zero ou procurando redefinir seu negócio existente, a compreensão profunda do mercado é fundamental para o seu sucesso. Então, respire fundo e prepare-se para mergulhar nas ricas oportunidades que o aguardam. O conhecimento é poder, e você está prestes a se equipar com tudo o que precisa para fazer do seu empreendimento um sucesso retumbante.

CONHECENDO SEU MERCADO

Agora que você estabeleceu uma base sólida para o seu negócio, é hora de expandir sua visão para o mundo exterior, mergulhando no ecossistema em que sua empresa irá operar. Este capítulo é dedicado à importância de realizar uma pesquisa de mercado eficaz, uma ferramenta vital que irá equipá-lo com o conhecimento necessário para entender seus clientes, avaliar a concorrência e identificar oportunidades únicas de crescimento.

A IMPORTÂNCIA DA PESQUISA DE MERCADO

A pesquisa de mercado é o seu farol no oceano vasto do empreendedorismo. Ela ajuda a reduzir incertezas, minimizar riscos e informar suas decisões estratégicas. Ao compreender profundamente quem são seus clientes, o que eles valorizam, e como eles se comportam, você pode desenvolver produtos ou serviços que atendam diretamente às suas necessidades e desejos.

ENTENDENDO SEUS CLIENTES

O primeiro passo para uma pesquisa de mercado eficaz é definir seu público-alvo.

- Quem são eles?

- Onde eles estão?

- Quais são seus problemas, necessidades e desejos?

Ferramentas como pesquisas online, entrevistas e grupos focais podem fornecer insights valiosos.

Uma vez que você tem uma compreensão clara de seu público-alvo, você pode segmentá-lo em grupos menores com características ou necessidades similares. Isso permite uma abordagem mais personalizada em suas estratégias de marketing e desenvolvimento de produto.

ANALISANDO A CONCORRÊNCIA

Saber quem são seus concorrentes e o que eles oferecem é crucial. Uma análise da concorrência detalhada pode revelar lacunas no mercado que você pode explorar. Procure por pontos fracos em seus produtos ou serviços e considere como você pode diferenciar sua oferta para preencher essas lacunas.

Além disso, entender as estratégias de seus concorrentes pode inspirar novas abordagens para o seu próprio negócio. No entanto, lembre-se de focar em criar valor único para seus clientes, ao invés de simplesmente copiar o que outros estão fazendo.

IDENTIFICANDO OPORTUNIDADES DE MERCADO

Com uma compreensão sólida de seus clientes e concorrentes, você estará bem posicionado para identificar oportunidades de mercado. Procure tendências emergentes que se alinham com sua missão, visão e valores. Isso pode incluir novas tecnologias, mudanças nas regulamentações ou deslocamentos nos padrões de consumo.

COLOCANDO A PESQUISA EM PRÁTICA

Equipado com uma pesquisa de mercado abrangente, você está pronto para tomar decisões informadas sobre o desenvolvimento do produto, precificação, distribuição e estratégias de marketing. Lembre-se de que a pesquisa de mercado não é um exercício único; ela deve ser uma parte contínua do seu processo de planejamento estratégico para se adaptar às mudanças nas condições do mercado.

Conhecer seu mercado é apenas o começo. No próximo capítulo, nos aprofundaremos no planejamento estratégico eficiente. Você aprenderá a transformar os insights da pesquisa de mercado em um plano de ação robusto que guiará sua empresa através dos seus primeiros anos e além. Vamos explorar como estabelecer objetivos claros, mapear suas estratégias e criar um plano de negócios que não só suporte suas ambições de crescimento, mas também o prepare para os desafios e oportunidades futuras.

Esteja você refinando sua oferta atual ou se preparando para lançar um novo produto ou serviço, um planejamento estratégico sólido é crucial para o sucesso. Junte-se a nós no próximo capítulo, onde transformaremos pesquisa em plano, visão em realidade, garantindo que seu negócio esteja não apenas pronto para decolar, mas também equipado para voar alto.

PLANEJAMENTO ESTRATÉGICO EFICIENTE

Após mergulhar profundamente no conhecimento do seu mercado, é crucial transformar esses insights em ações. Este capítulo é dedicado a orientá-lo através do processo de criação de um plano de negócios robusto, que não apenas servirá como um roteiro para os primeiros anos de sua empresa mas também como uma ferramenta para atrair investidores, parceiros e talentos. O planejamento estratégico eficiente é o que diferencia as empresas que prosperam daquelas que apenas sobrevivem.

A IMPORTÂNCIA DE UM PLANO DE NEGÓCIOS SÓLIDO

Um plano de negócios bem elaborado é essencial para qualquer empreendedor. Ele detalha sua visão, missão, estratégia de mercado, análise financeira e planos operacionais, agindo como uma bússola que guia todas as suas decisões de negócios. Além disso, é uma ferramenta de comunicação vital para convencer stakeholders externos do valor do seu empreendimento.

DEFININDO SEUS OBJETIVOS

Antes de mergulhar nos detalhes do seu plano, é fundamental estabelecer objetivos claros e alcançáveis. Esses objetivos devem ser específicos, mensuráveis, atingíveis, relevantes e temporais (SMART). Ao definir esses parâmetros, você cria um quadro de referência que não apenas direciona suas estratégias mas também permite avaliar o progresso ao longo do tempo.

MAPEANDO SUA ESTRATÉGIA

Com seus objetivos em mãos, o próximo passo é desenvolver estratégias para alcançá-los. Isso inclui identificar seu mercado-alvo, posicionar seu produto ou serviço de forma única e definir suas táticas de vendas, marketing e operações. Cada estratégia deve ser desenhada para responder às necessidades e desejos do seu público-alvo, diferenciando você da concorrência.

PROJEÇÕES FINANCEIRAS

Um componente crítico do seu plano de negócios são as projeções financeiras. Elas fornecem uma visão do potencial retorno do investimento, incluindo receitas esperadas, custos e análise de ponto de equilíbrio. Essas projeções ajudam a estabelecer metas financeiras realistas e a identificar necessidades de financiamento.

PLANOS OPERACIONAIS

Os planos operacionais detalham como sua empresa funcionará no dia a dia. Isso inclui logística, cadeia de suprimentos, processos de produção e distribuição. Ter um plano operacional claro é crucial para garantir a eficiência e a capacidade de escalar suas operações conforme o negócio cresce.

AVALIAÇÃO E AJUSTE

O mundo dos negócios está sempre em mudança, e seu plano de negócios deve ser flexível o suficiente para se adaptar. Estabeleça marcos regulares para revisar e ajustar seu plano conforme necessário. Isso não apenas ajuda a manter seu negócio alinhado com os objetivos iniciais mas também permite que você responda proativamente às oportunidades e desafios.

Com um plano de negócios sólido em mãos, você está pronto para enfrentar o aspecto financeiro do empreendedorismo. No próximo capítulo, abordaremos a gestão financeira para empreendedores. Você aprenderá estratégias para gerenciar as finanças do seu negócio com eficácia, incluindo orçamento, fluxo de caixa e investimentos iniciais. Estas habilidades são vitais para garantir a saúde financeira e a sustentabilidade de longo prazo do seu empreendimento.

O planejamento estratégico não termina com a criação de um documento; é um processo contínuo de aprendizado, adaptação e crescimento. À medida que avançamos para o próximo capítulo, mantenha-se focado, determinado e aberto a novas possibilidades. A jornada para o sucesso empreendedor é tanto sobre o destino quanto sobre a viagem. Vamos continuar

REGINALDOOSNILDO

navegando juntos.

GESTÃO FINANCEIRA PARA EMPREENDEDORES

Entramos agora em um território vital para a sobrevivência e prosperidade de qualquer negócio: a gestão financeira. Neste capítulo, exploraremos as estratégias essenciais para manter as finanças da sua empresa saudáveis, desde a configuração de um orçamento até a gestão eficaz do fluxo de caixa e a tomada de decisões sobre investimentos iniciais. Compreender e aplicar práticas de gestão financeira sólidas não apenas protege seu empreendimento contra as adversidades mas também pavimenta o caminho para um crescimento sustentável.

ENTENDENDO A GESTÃO FINANCEIRA

A gestão financeira envolve planejar, organizar, dirigir e controlar as atividades financeiras da empresa. Ela é o alicerce que suporta todas as outras áreas do negócio, desde operações até marketing e vendas. Uma gestão financeira eficaz garante que você tenha recursos disponíveis para as necessidades atuais, ao mesmo tempo em que planeja o futuro.

CONFIGURANDO UM ORÇAMENTO

Um orçamento bem planejado é a primeira ferramenta em seu arsenal de gestão financeira. Ele fornece uma previsão de suas receitas e despesas, permitindo que você faça planos com base em estimativas realistas. Um orçamento ajuda a evitar gastos excessivos e a garantir que os recursos estejam disponíveis para as áreas que mais necessitam. Comece listando todas as suas fontes de receita, seguidas por uma estimativa detalhada de despesas fixas e variáveis. Isso lhe dará uma visão clara da sua situação financeira e ajudará a identificar áreas para redução de custos ou aumento de receitas.

FLUXO DE CAIXA É REI

A gestão eficaz do fluxo de caixa é crucial. Ela envolve monitorar a entrada e saída de dinheiro para garantir que você tenha capital de giro suficiente para cobrir as operações diárias. Um fluxo de caixa positivo significa que sua empresa está em uma posição saudável para cumprir suas obrigações financeiras. Utilize uma planilha de fluxo de caixa para prever e acompanhar as movimentações financeiras, permitindo ajustes proativos para manter a saúde financeira do negócio.

INVESTIMENTOS INICIAIS E FINANCIAMENTO

Determinar quanto dinheiro é necessário para iniciar e manter seu negócio operando é uma tarefa crítica. Isso inclui capital para custos iniciais, como equipamentos, inventário e despesas de marketing, além de uma reserva para cobrir as operações até que o negócio se torne rentável. Explore diversas fontes de financiamento, incluindo empréstimos, investidores anjos, financiamento coletivo ou capital de risco. Lembre-se de avaliar cuidadosamente os termos e condições de qualquer financiamento para garantir que eles se alinhem com seus objetivos de longo prazo.

MANTENDO O CONTROLE

Implemente sistemas para monitorar e controlar suas finanças. Isso pode incluir software de contabilidade, políticas de crédito, auditorias regulares e revisões financeiras. Ter controle sobre suas finanças permite identificar tendências, otimizar recursos e tomar decisões informadas.

Com as bases da gestão financeira estabelecidas, você está pronto para mergulhar no mundo do marketing. No próximo capítulo, exploraremos táticas de marketing de baixo custo, alto impacto. Você aprenderá como maximizar a visibilidade e o alcance do seu negócio com um orçamento limitado, utilizando estratégias criativas e eficazes. Este conhecimento será crucial para atrair clientes, construir sua marca e acelerar o crescimento.

A gestão financeira é o pulso do seu empreendimento, fornecendo os meios para operar, inovar e expandir. À medida que avançamos para a próxima etapa da sua jornada empreendedora, mantenha as práticas financeiras sólidas no coração do seu negócio. Afinal, um empreendimento financeiramente saudável é aquele que tem a liberdade e a capacidade de alcançar seu pleno potencial. Vamos avançar juntos, com os olhos no futuro brilhante que você está construindo.

MARKETING DE BAIXO CUSTO, ALTO IMPACTO

Após estabelecer uma base sólida para a gestão financeira do seu empreendimento, o próximo passo crucial é chamar a atenção para o seu negócio. Neste capítulo, vamos explorar estratégias de marketing eficazes que não vão esgotar seus recursos financeiros, mas que têm o potencial de gerar um impacto significativo no mercado. O marketing de baixo custo é especialmente vital para startups e pequenas empresas que operam com orçamentos limitados mas aspiram a alcançar uma ampla audiência e criar uma conexão duradoura com seus clientes.

ENTENDA SEU PÚBLICO-ALVO

Antes de iniciar qualquer campanha de marketing, é essencial ter um entendimento profundo do seu público-alvo.

- **Quais são suas necessidades, desejos e comportamentos?**
- **Onde eles passam seu tempo online e offline?**

Uma compreensão clara do seu público permitirá que você direcione suas estratégias de marketing de forma mais eficaz, aumentando o retorno sobre o investimento (ROI).

MARKETING DE CONTEÚDO

Uma das formas mais eficazes de marketing de baixo custo é o marketing de conteúdo. Isso envolve criar e compartilhar conteúdos valiosos e relevantes para atrair e engajar seu público-alvo. Blogs, vídeos, infográficos e podcasts são apenas algumas das maneiras de fornecer valor aos seus clientes potenciais, estabelecendo sua marca como uma autoridade no seu nicho. O marketing de conteúdo não apenas ajuda a construir confiança e relacionamentos, mas também melhora sua visibilidade online através da otimização dos motores de busca (SEO).

MÍDIAS SOCIAIS

As mídias sociais são uma ferramenta poderosa para marketing de baixo custo. Plataformas como Facebook, Instagram, Twitter e LinkedIn oferecem a oportunidade de se conectar com seu público de maneira direta e pessoal. A chave para o sucesso nas mídias sociais é a consistência e a autenticidade. Compartilhe histórias que ressoem com seus seguidores, interaja com eles através de comentários e mensagens, e use anúncios pagos de forma estratégica para ampliar seu alcance.

PARCERIAS E COLABORAÇÕES

Formar parcerias com outras empresas ou influenciadores que compartilham um público semelhante pode ser uma forma eficiente de ampliar sua visibilidade. Trocas de serviços, conteúdo colaborativo ou campanhas conjuntas de mídia social são maneiras de beneficiar ambas as partes envolvidas. Essas parcerias podem ajudar a alcançar novos públicos sem o custo significativo normalmente associado à aquisição de clientes.

E-MAIL MARKETING

O e-mail marketing continua sendo uma das ferramentas de marketing mais eficientes e de custo mais baixo disponíveis. Ao construir uma lista de e-mails de clientes potenciais e existentes, você tem um canal direto para comunicar atualizações, ofertas especiais e conteúdo valioso. A chave para o e-mail marketing de sucesso é a personalização e a relevância; certifique-se de que suas mensagens atendam às necessidades e interesses específicos do seu público.

AVALIE E AJUSTE

Como com todas as estratégias de negócios, a chave para um marketing de sucesso é monitorar, avaliar e ajustar suas campanhas com base no desempenho. Use ferramentas de análise para rastrear o engajamento, conversões e ROI, e não tenha medo de experimentar novas abordagens para ver o que funciona melhor para sua marca.

Equipado com estratégias de marketing de baixo custo e alto impacto, você está pronto para aprofundar-se na arte da venda e negociação no próximo capítulo. A habilidade de vender não é apenas essencial para o crescimento do negócio, mas também para estabelecer relacionamentos duradouros com seus clientes. Vamos explorar técnicas práticas que irão fortalecer suas habilidades de venda e negociação, garantindo que você não apenas atenda, mas exceda as expectativas dos seus clientes.

O marketing eficaz é sobre contar uma história que ressoa, construindo conexões genuínas e oferecendo valor incomparável. Com as estratégias certas, você pode maximizar o impacto de suas campanhas de marketing, independentemente do tamanho do seu orçamento. Vamos avançar com confiança, prontos para vender nossa visão ao mundo.

A ARTE DA VENDA E NEGOCIAÇÃO

Dominar a arte da venda e da negociação é crucial para o sucesso de qualquer empreendedor. Este capítulo é dedicado a aprimorar essas habilidades essenciais, oferecendo-lhe estratégias práticas para aumentar sua eficácia em vendas e negociações. Independentemente do setor ou tamanho do seu negócio, a capacidade de vender sua visão e negociar com eficiência pode ser o diferencial que coloca sua empresa à frente da concorrência.

ENTENDA SEU VALOR

O primeiro passo para vender eficazmente é compreender e comunicar o valor único que seu produto ou serviço oferece. Antes de abordar um cliente ou entrar em uma negociação, esteja claro sobre quais problemas você resolve, como melhora a vida dos seus clientes e o que diferencia sua oferta das demais disponíveis no mercado. Esta compreensão do valor é a base de todas as suas interações de vendas e negociações.

CONSTRUA RELACIONAMENTOS, NÃO APENAS TRANSAÇÕES

Vendas e negociações bem-sucedidas são fundamentadas em relacionamentos sólidos e confiança. Foque em entender as necessidades e desejos dos seus clientes, oferecendo soluções que se alinhem com seus interesses. Uma abordagem consultiva, onde você age mais como um conselheiro do que um vendedor tradicional, pode ajudar a estabelecer uma conexão mais profunda e promover a lealdade do cliente.

COMUNICAÇÃO EFICAZ

A habilidade de comunicar-se de forma clara e persuasiva é vital. Isso inclui ouvir atentamente, fazer perguntas relevantes e expressar suas ideias de forma concisa. Em negociações, entender e usar técnicas de comunicação não verbal, como contato visual e linguagem corporal, pode também reforçar sua mensagem e ajudar a construir rapport.

ESTRATÉGIAS DE NEGOCIAÇÃO

Ao negociar, é importante entrar com uma mentalidade de ganha-ganha, buscando soluções que beneficiem ambas as partes. Esteja preparado, conheça seus limites e esteja disposto a fazer concessões razoáveis, mas sem comprometer o valor central do que você está oferecendo. Táticas como a ancoragem, onde você estabelece um ponto de referência inicial alto, podem ser úteis, mas sempre devem ser usadas com o objetivo de alcançar um acordo justo.

SUPERE OBJEÇÕES

Objeções são uma parte natural do processo de venda e negociação. Em vez de vê-las como obstáculos, encare-as como oportunidades para aprofundar seu entendimento das necessidades do cliente e ajustar sua proposta de acordo. Esteja preparado para responder às objeções comuns com informações precisas e benefícios claros do seu produto ou serviço.

FECHAMENTO

A conclusão eficaz de uma venda ou negociação requer clareza, confiança e às vezes, criatividade. Conheça diferentes técnicas de fechamento e esteja preparado para usar a mais adequada com base na situação e no cliente. Lembre-se, o fechamento é apenas o começo de uma relação de negócios que você deseja cultivar e crescer.

Agora que você está equipado com estratégias fundamentais de venda e negociação, o próximo capítulo irá guiá-lo através do processo de construir uma marca forte. Uma marca bem-construída não apenas facilita o processo de venda, mas também cria uma identidade memorável que pode elevar seu negócio acima da concorrência. Vamos explorar como desenvolver e promover sua marca de maneira que ressoe com seu público-alvo e sustente o crescimento a longo prazo do seu negócio.

A venda e a negociação são artes que, quando praticadas com habilidade e integridade, podem levar ao estabelecimento de relações comerciais frutíferas e duradouras. Ao aplicar as estratégias deste capítulo, você estará bem posicionado para transformar potenciais em parceiros valiosos e clientes em defensores leais da sua marca. Avancemos agora com confiança, prontos para a próxima etapa em nossa jornada empreendedora.

CONSTRUINDO UMA MARCA FORTE

A construção de uma marca forte é essencial para se destacar em um mercado competitivo. Uma marca bem desenvolvida não apenas facilita o processo de vendas e negociações, como descrito anteriormente, mas também cria uma identidade memorável que pode elevar seu negócio. Neste capítulo, vamos explorar estratégias eficazes para desenvolver e promover sua marca, garantindo que ela ressoe com seu público-alvo e sustente o crescimento a longo prazo do seu negócio.

DEFININDO A IDENTIDADE DA SUA MARCA

A identidade da sua marca é a soma total de como sua marca se parece, se sente e se comunica com o mundo. Isso inclui seu nome, logotipo, esquema de cores e qualquer outro elemento visual, bem como o tom de voz usado em sua comunicação. Esses elementos devem ser consistentes em todos os pontos de contato com o cliente, desde seu site até suas embalagens e materiais de marketing, para criar uma experiência de marca coesa.

COMUNIQUE SEUS VALORES

Sua marca deve refletir os valores e a missão do seu negócio. Os clientes de hoje procuram mais do que apenas produtos ou serviços; eles querem se conectar com marcas que compartilham seus valores e aspirações. Comunicar eficazmente esses valores em sua mensagem de marca pode ajudar a estabelecer uma conexão emocional com seu público, aumentando a lealdade e a defesa da marca.

DIFERENCIE-SE DA CONCORRÊNCIA

Uma marca forte se destaca da concorrência. Pergunte a si mesmo: O que torna meu negócio único? Seja uma proposta de valor única, um produto inovador ou um compromisso excepcional com o serviço ao cliente, certifique-se de que sua marca comunique claramente o que a diferencia. Use histórias de marca para destacar esses diferenciais de maneira envolvente e memorável.

CONSTRUA PRESENÇA ONLINE

Uma presença online forte é crucial para a construção da marca. Isso inclui um site profissional que reflete sua identidade de marca, bem como perfis ativos nas redes sociais onde seu público-alvo passa tempo. O conteúdo compartilhado online deve ser valioso e relevante para seu público, ajudando a estabelecer sua marca como uma autoridade em seu nicho. Estratégias de SEO também são fundamentais para garantir que sua marca seja facilmente encontrada online.

ENGAJE COM SEU PÚBLICO

O engajamento com o público ajuda a construir relacionamentos fortes e a promover a lealdade à marca. Isso pode ser feito por meio de marketing de conteúdo, interações nas redes sociais, programas de fidelidade e excelente atendimento ao cliente. Ouvir seu público e responder a seus comentários, perguntas e preocupações demonstra que você valoriza sua opinião e está comprometido com sua satisfação.

MONITORE E ADAPTE SUA ESTRATÉGIA DE MARCA

A construção da marca não é um processo estático. É importante monitorar como sua marca é percebida no mercado e adaptar sua estratégia conforme necessário. Ferramentas de análise e feedback do cliente podem fornecer insights valiosos sobre o desempenho da sua marca e áreas para melhoria.

Com uma marca forte como sua aliada, o próximo passo é ampliar sua presença no mundo digital. No próximo capítulo, exploraremos a digitalização e presença online, onde você aprenderá a estabelecer uma presença online eficaz, incluindo estratégias para website, e-commerce e redes sociais. Uma presença digital sólida é essencial para alcançar clientes em potencial, construir relacionamentos duradouros e impulsionar o crescimento do seu negócio.

A construção de uma marca forte é uma jornada contínua que exige consistência, criatividade e compromisso. Ao seguir as estratégias delineadas neste capítulo, você estará bem posicionado para desenvolver uma marca que não apenas conta a história do seu negócio, mas também se conecta de forma significativa com seu público. Vamos avançar, prontos para levar nossa marca ao mundo digital e além.

DIGITALIZAÇÃO E PRESENÇA ONLINE

Na era digital atual, ter uma presença online forte não é apenas vantajoso; é essencial. Este capítulo se dedica a orientá-lo através dos passos para estabelecer e otimizar sua presença online, garantindo que sua marca não só seja encontrada, mas também se destaque no vasto espaço digital. Desde a criação de um website impactante até a efetiva gestão das redes sociais, abordaremos as estratégias fundamentais para capturar a atenção do seu público-alvo e fomentar um engajamento significativo.

DESENVOLVENDO UM WEBSITE ATRAENTE

Seu website é frequentemente o primeiro ponto de contato entre sua marca e potenciais clientes, agindo como um representante digital do seu negócio 24 horas por dia, 7 dias por semana. Portanto, ele deve ser visualmente atraente, fácil de navegar e otimizado para conversões. Isso significa incluir chamadas para ação (CTAs) claras, informações de contato facilmente acessíveis e um design responsivo que garanta uma experiência de usuário consistente em todos os dispositivos.

SEO: OTIMIZANDO PARA A VISIBILIDADE

A otimização de mecanismos de busca (SEO) é crucial para aumentar a visibilidade do seu website em pesquisas orgânicas. Isso envolve a utilização de palavras-chave relevantes, a melhoria da velocidade de carregamento da página e a garantia de que seu site seja facilmente indexável por mecanismos de busca. Um SEO eficaz não apenas aumenta o tráfego para o seu site, mas também ajuda a atrair visitantes mais qualificados que têm maior probabilidade de se converter em clientes.

ESTRATÉGIAS EFICAZES DE E-COMMERCE

Para negócios que vendem online, uma estratégia de e-commerce robusta é vital. Isso inclui oferecer uma experiência de compra online segura, intuitiva e sem complicações. Elementos como descrições de produtos detalhadas, imagens de alta qualidade, processos de checkout simplificados e opções de atendimento ao cliente acessíveis podem significativamente melhorar a experiência de compra e aumentar as taxas de conversão.

MAXIMIZANDO O POTENCIAL DAS REDES SOCIAIS

As redes sociais são ferramentas poderosas para construir e promover sua marca online. Escolha plataformas que seu público-alvo mais usa e crie conteúdo que fomente a interação, como posts, vídeos e stories. A chave é ser consistente e autêntico, estabelecendo uma voz de marca reconhecível e uma presença social que encoraja o engajamento e a lealdade dos seguidores.

ANÁLISE E ADAPTAÇÃO

Utilize ferramentas analíticas para monitorar o desempenho da sua presença online e adapte suas estratégias com base em dados reais. Isso pode incluir ajustar sua abordagem de SEO, refinar seu conteúdo de redes sociais ou otimizar a jornada do usuário em seu site. A análise contínua é essencial para entender o que funciona, o que não funciona e onde existem oportunidades de melhoria.

Com uma presença online sólida estabelecida, o próximo passo é fortalecer e expandir sua rede de contatos. No próximo capítulo, discutiremos a importância de construir uma rede de contatos sólida e como formar parcerias estratégicas que podem impulsionar o crescimento do seu negócio. Uma rede de contatos eficaz não apenas abre portas para novas oportunidades, mas também oferece suporte e insights valiosos enquanto você navega pelo caminho do empreendedorismo.

Estabelecer uma presença online efetiva é uma jornada contínua que exige dedicação, criatividade e flexibilidade. Implementando as estratégias abordadas neste capítulo, você estará bem posicionado para capturar a atenção do seu público-alvo, construir relacionamentos duradouros e posicionar sua marca para sucesso a longo prazo no ambiente digital. Avancemos, prontos para conectar, colaborar e crescer em nossa jornada empreendedora.

REDE DE CONTATOS E PARCERIAS ESTRATÉGICAS

Com uma presença online robusta agora estabelecida, é hora de voltar nossa atenção para o poder das conexões humanas. Este capítulo é dedicado à arte de construir uma rede de contatos eficaz e desenvolver parcerias estratégicas que possam impulsionar o crescimento do seu negócio. Navegar no ecossistema empreendedor requer mais do que apenas uma ideia sólida e uma presença digital; é também sobre quem você conhece, como se conecta e colabora para alcançar objetivos comuns.

A IMPORTÂNCIA DE UMA REDE DE CONTATOS FORTE

Uma rede de contatos sólida oferece acesso a novas oportunidades, recursos, conhecimentos e suporte. Ela pode abrir portas para parcerias estratégicas, novos mercados, talentos e investimentos. Comece participando de eventos do setor, conferências e webinars, tanto virtualmente quanto pessoalmente. As mídias sociais também oferecem um meio poderoso de conectar-se com colegas da indústria, líderes de pensamento e potenciais clientes.

NETWORKING EFETIVO

O networking efetivo é baseado na criação de relacionamentos mutuamente benéficos, não apenas na coleta de contatos. Mostre interesse genuíno nas pessoas que você encontra, ouvindo ativamente e compartilhando conhecimentos e experiências. Lembre-se de que o networking é uma via de mão dupla; pense em como você pode ajudar os outros, assim como eles podem ajudá-lo.

DESENVOLVENDO PARCERIAS ESTRATÉGICAS

Parcerias estratégicas podem variar desde acordos formais com outras empresas até colaborações menos formais com influenciadores ou organizações do setor. O objetivo é encontrar parceiros cujos objetivos, público-alvo e valores estejam alinhados com os do seu negócio. Essas parcerias podem levar a projetos conjuntos, campanhas de marketing compartilhadas, ou até mesmo novos desenvolvimentos de produtos.

DICAS PARA PARCERIAS DE SUCESSO

- **Identifique parceiros potenciais:** Busque empresas ou indivíduos que complementem sua oferta de produto/serviço e que possam beneficiar-se de uma colaboração.

- **Estabeleça metas claras:** Certifique-se de que ambas as partes tenham objetivos claros e compartilhados para a parceria.

- **Comunique-se efetivamente:** Mantenha linhas de comunicação abertas e claras, garantindo que todas as expectativas sejam entendidas e acordadas.

- **Monitore e avalie:** Estabeleça métricas para avaliar o sucesso da parceria, ajustando a estratégia conforme necessário.

Armado com uma rede de contatos sólida e parcerias estratégicas em andamento, o próximo passo é focar na importância do feedback do cliente. No próximo capítulo, exploraremos como coletar, analisar e agir com base no feedback dos clientes para melhorar continuamente seus produtos, serviços e experiências gerais do cliente. O feedback é uma ferramenta inestimável para o crescimento e inovação, permitindo que você refine sua oferta e fortaleça ainda mais sua marca.

Construir e manter uma rede de contatos eficaz e desenvolver parcerias estratégicas são processos contínuos que podem significativamente acelerar o crescimento do seu negócio. Ao aplicar as estratégias abordadas neste capítulo, você está se posicionando não apenas para expandir seu alcance, mas também para criar um ecossistema de suporte que pode levar seu negócio a novas alturas. Avancemos, prontos para valorizar e agir com base no feedback dos nossos clientes, a verdadeira voz por trás do nosso sucesso.

O PODER DO FEEDBACK DO CLIENTE

À medida que avançamos na jornada empreendedora, um dos ativos mais valiosos que você pode coletar é o feedback dos clientes. Este capítulo se concentra em como coletar, analisar e implementar efetivamente o feedback dos clientes para melhorar continuamente seus produtos, serviços e a experiência geral do cliente. Ouvir e agir com base no feedback dos clientes não só demonstra que você valoriza suas opiniões, mas também é essencial para a inovação e o crescimento sustentável do seu negócio.

COLETANDO FEEDBACK DO CLIENTE

Existem várias maneiras eficazes de coletar feedback dos clientes, incluindo pesquisas online, fóruns de feedback em seu website, grupos focais, e monitoramento das mídias sociais. É importante oferecer várias plataformas para o feedback, garantindo que você capture a voz de uma ampla gama de clientes. Além disso, incentive o feedback tornando o processo o mais fácil e acessível possível e considerando recompensas para aqueles que dedicam tempo para fornecer suas opiniões.

ANALISANDO O FEEDBACK RECEBIDO

Uma vez coletado, o próximo passo é analisar o feedback de forma sistemática para identificar padrões, problemas recorrentes e oportunidades de melhoria. Ferramentas de análise de dados e softwares de gestão de feedback podem ajudar a categorizar e priorizar o feedback, facilitando a identificação de áreas que exigem atenção imediata.

AGINDO COM BASE NO FEEDBACK

A implementação do feedback dos clientes é onde muitas empresas enfrentam desafios. Priorize as alterações com base em sua viabilidade, impacto potencial e alinhamento com os objetivos de negócios a longo prazo. Além disso, é crucial comunicar de volta aos clientes o que foi feito em resposta ao feedback deles. Isso não apenas fecha o ciclo de feedback, mas também constrói confiança e fidelidade, mostrando que você leva suas opiniões a sério.

CRIANDO UMA CULTURA DE FEEDBACK CONTÍNUO

Integrar o feedback dos clientes na tomada de decisões e no desenvolvimento de produtos é essencial para criar uma cultura de melhoria contínua. Encoraje sua equipe a ver o feedback como uma oportunidade de aprendizado e crescimento, e não como crítica. Regularmente revisite e reavalie como você coleta e utiliza feedback para garantir que o processo permaneça eficaz e alinhado com as necessidades do seu negócio.

Com um sistema sólido para coletar e implementar o feedback dos clientes em vigor, o próximo passo é se concentrar em inovação e adaptação constantes. No próximo capítulo, abordaremos estratégias para manter seu negócio inovador e adaptável às mudanças do mercado. Em um mundo de negócios que está sempre evoluindo, a capacidade de inovar e se adaptar não é apenas uma vantagem competitiva, mas uma necessidade para a sobrevivência e crescimento a longo prazo.

Ao priorizar o feedback do cliente, você está não apenas otimizando sua oferta para melhor atender às necessidades do mercado atual, mas também está construindo uma base sólida para o sucesso futuro. Vamos avançar, prontos para abraçar a inovação e adaptabilidade como os principais motores do nosso crescimento contínuo.

INOVAÇÃO E ADAPTAÇÃO CONSTANTE

Em um mundo empresarial que evolui rapidamente, a capacidade de inovar e adaptar-se às mudanças do mercado é mais do que uma vantagem competitiva; é uma necessidade para a sobrevivência e crescimento a longo prazo. Este capítulo explora estratégias para manter seu negócio na vanguarda da inovação, garantindo que você continue relevante, resiliente e capaz de aproveitar novas oportunidades à medida que surgem.

CULTIVANDO UMA MENTALIDADE DE INOVAÇÃO

A inovação começa com a mentalidade certa. Encoraje uma cultura que valoriza a curiosidade, a experimentação e o aprendizado contínuo dentro da sua equipe. Promova um ambiente em que a tomada de riscos calculados seja apoiada e onde falhas sejam vistas como oportunidades para crescimento e aprendizado. A mentalidade de inovação permite que sua equipe pense fora dos padrões tradicionais e explore novas ideias sem medo.

PERMANECENDO ÁGIL E ADAPTÁVEL

A adaptabilidade é fundamental em um ambiente de negócios em constante mudança. Isso significa ser capaz de responder rapidamente às tendências do mercado, às necessidades dos clientes e às novas tecnologias. Desenvolva processos flexíveis e esteja aberto para pivotar sua estratégia quando necessário. A agilidade nos negócios permite que você capitalize em oportunidades emergentes e minimize riscos em tempo hábil.

FOMENTANDO A INOVAÇÃO ATRAVÉS DA COLABORAÇÃO

A inovação muitas vezes surge da colaboração, seja dentro da sua equipe, com clientes ou através de parcerias estratégicas. Crie espaços para troca de ideias e colabore com parceiros fora da sua indústria para obter novas perspectivas. Parcerias estratégicas, especialmente, podem oferecer recursos compartilhados, conhecimento e redes que impulsionam a inovação e abrem novos caminhos para o crescimento.

INTEGRANDO TECNOLOGIA

A tecnologia desempenha um papel crucial na inovação e adaptação. Fique atento às últimas tendências tecnológicas que possam beneficiar seu negócio, seja através da automação de processos, melhoria da experiência do cliente ou exploração de novos canais de mercado. A integração de tecnologias emergentes pode não apenas otimizar suas operações, mas também criar produtos ou serviços inovadores que distinguem sua marca.

MEDINDO O SUCESSO E ITERANDO

Estabeleça métricas claras para avaliar o sucesso de suas iniciativas de inovação. Use dados e feedback do cliente para iterar e refinar suas estratégias. O processo de inovação é contínuo; o que funciona hoje pode não funcionar amanhã, portanto, é vital manter uma abordagem iterativa, sempre buscando melhorar e adaptar.

Com uma abordagem sólida para inovação e adaptação estabelecida, o foco se volta para a gestão de tempo e produtividade. No próximo capítulo, exploraremos técnicas para maximizar a produtividade e gerenciar o tempo de forma eficiente. Isso não apenas ajuda a garantir que você e sua equipe possam manter-se inovadores e adaptáveis, mas também apoia o bem-estar geral e a satisfação no trabalho.

A inovação e a adaptação constantes são fundamentais para o sucesso empreendedor no século XXI. Implementando as estratégias discutidas neste capítulo, você posicionará seu negócio não apenas para sobreviver às mudanças do mercado, mas para prosperar nelas. Avancemos, prontos para abraçar as técnicas que impulsionarão nossa eficiência e produtividade para novos patamares.

GESTÃO DE TEMPO E PRODUTIVIDADE

A gestão eficaz do tempo e o aumento da produtividade são essenciais para manter a inovação e a adaptabilidade, permitindo que você e sua equipe maximizem seus esforços e atinjam seus objetivos de negócios. Este capítulo oferece estratégias para otimizar sua gestão de tempo e melhorar a produtividade, garantindo que as tarefas críticas recebam a atenção que merecem e que o bem-estar da equipe seja mantido.

PRIORIZAÇÃO EFICIENTE

O primeiro passo para uma gestão de tempo eficaz é aprender a priorizar tarefas com base em sua urgência e importância. Utilize o método Matriz de Eisenhower para categorizar tarefas em quatro quadrantes: Importante e Urgente, Importante mas Não Urgente, Não Importante mas Urgente, e Não Importante e Não Urgente. Isso ajuda a focar nas atividades que realmente impulsionam seus objetivos de negócios, enquanto evita a procrastinação em tarefas menos críticas.

TÉCNICAS DE PRODUTIVIDADE

Existem várias técnicas para aumentar a produtividade, incluindo o método Pomodoro, que envolve trabalhar intensamente por períodos curtos seguidos de breves pausas. Outra técnica é a regra dos dois minutos, que incentiva a realização imediata de tarefas que podem ser concluídas em dois minutos ou menos, eliminando rapidamente as pequenas distrações.

FERRAMENTAS DE GESTÃO DE TEMPO

A tecnologia oferece uma variedade de ferramentas e aplicativos projetados para ajudar na gestão de tempo e produtividade. Ferramentas de gerenciamento de projetos como Trello, Asana e Monday.com podem ajudar a organizar tarefas, definir prazos e acompanhar o progresso da equipe. Além disso, aplicativos como RescueTime podem monitorar como você gasta seu tempo no computador, oferecendo insights para melhorar seus hábitos de trabalho.

DELEGAÇÃO EFETIVA

A delegação é uma habilidade crucial para líderes e empreendedores. Identifique tarefas que podem ser delegadas a membros da equipe, liberando seu tempo para se concentrar em atividades de alto valor. Ao delegar, seja claro nas expectativas e ofereça os recursos necessários para a conclusão da tarefa. Isso não apenas aumenta a eficiência, mas também contribui para o desenvolvimento profissional da sua equipe.

MANTENDO O EQUILÍBRIO

Enquanto você se esforça para melhorar a gestão de tempo e produtividade, é crucial manter um equilíbrio saudável entre trabalho e vida pessoal. Estabeleça limites claros entre o tempo de trabalho e o tempo pessoal, e incentive sua equipe a fazer o mesmo. O equilíbrio adequado promove o bem-estar e previne o esgotamento, mantendo todos motivados e produtivos a longo prazo.

Agora que abordamos a importância da gestão de tempo e produtividade, o próximo passo é focar na contratação e gestão de equipes. No próximo capítulo, exploraremos estratégias para recrutar, treinar e gerenciar uma equipe que compartilha da visão do seu empreendimento. Uma equipe bem gerenciada é a espinha dorsal de qualquer negócio bem-sucedido, capacitando sua empresa a alcançar novos patamares de sucesso.

A gestão eficaz do tempo e a produtividade são mais do que apenas técnicas e ferramentas; são uma mentalidade que capacita você e sua equipe a alcançar mais, mantendo um alto nível de satisfação e bem-estar. Implementando as estratégias discutidas neste capítulo, você está um passo mais perto de criar um ambiente de trabalho que não só valoriza a eficiência, mas também o equilíbrio e a satisfação no trabalho. Avançamos agora, prontos para construir e gerenciar uma equipe que será a força motriz por trás do nosso sucesso contínuo.

CONTRATAÇÃO E GESTÃO DE EQUIPES

A força de qualquer negócio reside em sua equipe. Construir, treinar e gerir uma equipe que compartilha da visão do seu empreendimento não apenas fortalece a base do seu negócio, mas também impulsiona a inovação e o crescimento. Este capítulo aborda estratégias essenciais para recrutar os talentos certos, desenvolver suas habilidades e mantê-los engajados e motivados.

RECRUTAMENTO: ENCONTRANDO OS TALENTOS CERTOS

O processo de recrutamento começa com a clara definição do perfil do candidato ideal, considerando não apenas as competências técnicas necessárias, mas também as características pessoais e valores que se alinham com a cultura da sua empresa. Utilize múltiplos canais de recrutamento, incluindo plataformas de emprego online, redes sociais profissionais e programas de indicação interna, para atrair uma ampla gama de candidatos.

ENTREVISTAS E SELEÇÃO

O processo de entrevista é crucial para avaliar não apenas a competência do candidato, mas também sua compatibilidade com a cultura da empresa. Utilize perguntas comportamentais para entender como o candidato lidou com situações passadas e perguntas situacionais para avaliar como ele lidaria com desafios futuros. Incluir membros da equipe nas entrevistas também pode fornecer perspectivas valiosas e facilitar a integração do novo colaborador.

ONBOARDING E TREINAMENTO

Uma vez contratado, um programa de onboarding eficaz é essencial para integrar o novo membro à equipe e à cultura da empresa. Fornecer treinamento abrangente não apenas nas responsabilidades específicas do cargo, mas também nos valores, processos e expectativas da empresa, ajuda a garantir uma transição suave e aumenta a produtividade a longo prazo.

DESENVOLVIMENTO E RETENÇÃO DE TALENTOS

O desenvolvimento contínuo de sua equipe é essencial para manter o engajamento e a motivação. Ofereça oportunidades de crescimento profissional, como cursos de formação, workshops e projetos desafiadores. Reconheça e recompense as conquistas para promover a satisfação no trabalho e a lealdade. A retenção de talentos também depende de um ambiente de trabalho positivo, onde o feedback é encorajado, e os conflitos são geridos de forma construtiva.

GESTÃO DE DESEMPENHO

A gestão de desempenho é um processo contínuo que envolve o estabelecimento de expectativas claras, a monitorização regular do desempenho e o fornecimento de feedback construtivo. Estabeleça metas específicas, mensuráveis, alcançáveis, relevantes e temporais (SMART) e conduza avaliações de desempenho regulares para discutir os progressos, os desafios e os planos de ação para melhorias.

Com uma equipe bem construída e eficazmente gerida, o próximo desafio é enfrentar e superar os obstáculos que surgem no caminho do crescimento do negócio. No próximo capítulo, abordaremos estratégias para superar desafios e obstáculos, garantindo que seu negócio permaneça resiliente e adaptável diante das adversidades.

Construir e gerir uma equipe requer dedicação e uma abordagem estratégica para garantir que todos estejam alinhados com a missão e os valores da empresa. Implementando as estratégias discutidas neste capítulo, você estará preparado para formar uma equipe que não só compartilha da sua visão, mas está também comprometida com o sucesso coletivo do negócio. Avancemos agora, prontos para enfrentar juntos os desafios que nos esperam, com a confiança de que nossa equipe é a nossa maior força.

SUPERANDO DESAFIOS E OBSTÁCULOS

Todo empreendimento enfrenta desafios e obstáculos em seu caminho. Seja lidando com a concorrência, enfrentando dificuldades financeiras ou superando crises internas, a capacidade de enfrentar e superar essas dificuldades é o que define um negócio resiliente e bem-sucedido. Este capítulo aborda estratégias para identificar, enfrentar e superar os desafios que podem surgir, garantindo que seu empreendimento não apenas sobreviva, mas prospere diante das adversidades.

IDENTIFICANDO DESAFIOS PRECOCEMENTE

O primeiro passo para superar os desafios é identificá-los o mais cedo possível. Mantenha-se atento às mudanças no mercado, no comportamento do consumidor e na performance interna do seu negócio. Ferramentas de análise e feedback constante de clientes e equipe podem ser valiosos para detectar sinais de problemas em potencial antes que se tornem incontroláveis.

ANÁLISE E PLANEJAMENTO

Uma vez identificado um desafio, dedique tempo para entender suas raízes e potencial impacto no seu negócio. Isso envolve coletar dados, consultar sua equipe e, se necessário, buscar aconselhamento externo. Com base nessa análise, desenvolva um plano de ação que aborde o problema de forma direta, considerando diferentes cenários e preparando-se para possíveis repercussões.

FLEXIBILIDADE E ADAPTAÇÃO

A capacidade de se adaptar rapidamente às circunstâncias em mudança é crucial para superar desafios. Isso pode significar pivotar sua estratégia, explorar novos mercados ou ajustar seu modelo de negócios. Encoraje uma cultura de flexibilidade dentro da sua equipe, onde a inovação é valorizada e novas ideias são bem-vindas.

APRENDENDO COM OS DESAFIOS

Cada desafio oferece uma oportunidade de aprendizado. Analise as situações que seu negócio enfrentou para identificar lições valiosas sobre o que funcionou, o que não funcionou e como você pode melhorar no futuro. Esse processo de aprendizado contínuo é fundamental para o crescimento e desenvolvimento do seu empreendimento.

MANTENDO A RESILIÊNCIA

A resiliência é talvez a qualidade mais importante para um empreendedor enfrentar desafios. Isso envolve manter uma atitude positiva, mesmo diante das adversidades, e persistir em seus objetivos a longo prazo. Fortaleça sua resiliência cuidando do seu bem-estar e da sua equipe, mantendo uma rede de apoio forte e lembrando-se do seu propósito e paixão que impulsionaram a criação do seu negócio.

Com as estratégias para superar desafios bem estabelecidas, o próximo passo é focar na incorporação de práticas sustentáveis e socialmente responsáveis no seu negócio. No próximo capítulo, exploraremos como a sustentabilidade e a responsabilidade social podem não apenas beneficiar o meio ambiente e a sociedade, mas também fortalecer sua marca e promover o sucesso a longo prazo do seu empreendimento.

Superar desafios e obstáculos é uma parte inevitável do empreendedorismo. Ao abordar esses momentos com preparação, resiliência e a capacidade de aprender e adaptar-se, você fortalece seu negócio contra futuras adversidades. Avancemos agora, prontos para abraçar práticas que nos garantam não apenas sucesso, mas também um impacto positivo no mundo ao nosso redor.

SUSTENTABILIDADE E RESPONSABILIDADE SOCIAL

Integrar práticas sustentáveis e de responsabilidade social é cada vez mais reconhecido não apenas como um imperativo ético, mas também como uma estratégia inteligente de negócios. Empresas que adotam esses princípios demonstram compromisso com o bem-estar do planeta e da sociedade, construindo ao mesmo tempo uma marca forte que ressoa positivamente com consumidores, investidores e a comunidade em geral. Este capítulo discute como incorporar a sustentabilidade e a responsabilidade social em seu negócio de maneira que beneficie tanto o mundo quanto sua linha de fundo.

COMPREENDENDO SUSTENTABILIDADE E RESPONSABILIDADE SOCIAL

Sustentabilidade refere-se à capacidade de atender às necessidades do presente sem comprometer a capacidade das gerações futuras de atender às suas próprias necessidades. Já a responsabilidade social corporativa (RSC) envolve a condução ética e consciente dos negócios, considerando seu impacto ambiental, social e econômico. Ambos os conceitos se sobrepõem na busca por criar um impacto positivo, além de alcançar objetivos de negócios.

BENEFÍCIOS DA INCORPORAÇÃO DE PRÁTICAS SUSTENTÁVEIS

- **Diferenciação da marca:** Empresas sustentáveis e socialmente responsáveis se destacam, atraindo clientes que valorizam esses princípios.

- **Eficiência operacional:** A implementação de práticas sustentáveis muitas vezes leva à redução de custos, através da economia de recursos e otimização dos processos.

- **Atração e retenção de talentos:** Muitos profissionais preferem trabalhar para empresas que demonstram preocupação com o impacto social e ambiental.

- **Resiliência a longo prazo:** Negócios que consideram seu impacto ambiental e social tendem a ser mais resilientes e adaptáveis às mudanças globais.

ESTRATÉGIAS PARA IMPLEMENTAR SUSTENTABILIDADE E RSC

- **Avalie seu impacto:** Comece com uma auditoria do impacto ambiental e social atual de sua empresa. Isso pode incluir consumo de energia, uso de recursos, impacto na comunidade local, entre outros.

- **Defina metas claras:** Com base na sua avaliação, estabeleça metas claras para redução de impacto, melhoria da comunidade e governança corporativa.

- **Engaje sua equipe:** A sustentabilidade e a RSC devem ser incorporadas na cultura da empresa. Treine sua equipe sobre a importância dessas práticas e como elas podem contribuir.

- **Comunique seus esforços:** Compartilhe suas iniciativas e progressos em sustentabilidade com clientes, parceiros e a comunidade. Isso não apenas reforça seu compromisso, mas também encoraja outros a seguir um caminho semelhante.

Com um compromisso estabelecido com a sustentabilidade e responsabilidade social, o próximo passo é garantir a saúde mental e bem-estar daqueles que fazem seu negócio prosperar. No próximo capítulo, abordaremos a importância de cuidar da saúde mental e do bem-estar no ambiente de trabalho, oferecendo estratégias para criar um ambiente de trabalho saudável e produtivo.

Incorporar a sustentabilidade e a responsabilidade social em seu negócio não é apenas sobre fazer o bem; é sobre fazer bem os negócios. À medida que avançamos, lembre-se de que as decisões que tomamos hoje moldam o mundo em que viveremos amanhã. Pronto para dar o próximo passo, avançamos agora para focar no bem-estar da nossa equipe, reconhecendo que a verdadeira força de um negócio reside no seu povo.

MANTENDO A SAÚDE MENTAL E O BEM-ESTAR

A saúde mental e o bem-estar são fundamentais para o sucesso sustentável de qualquer negócio. Funcionários saudáveis e felizes tendem a ser mais produtivos, criativos e engajados. Este capítulo enfoca a importância de promover a saúde mental e o bem-estar no ambiente de trabalho, oferecendo estratégias práticas para criar uma cultura que valorize e apoie o bem-estar de todos os membros da equipe.

COMPREENDENDO A IMPORTÂNCIA DO BEM-ESTAR

O bem-estar no trabalho vai além de evitar o estresse; trata-se de criar um ambiente que promova a satisfação, o engajamento e a realização pessoal. Quando os funcionários se sentem apoiados em suas necessidades de saúde mental, eles têm melhor desempenho, mostram maior lealdade à empresa e contribuem para um ambiente de trabalho positivo.

ESTRATÉGIAS PARA PROMOVER A SAÚDE MENTAL E O BEM-ESTAR

- **Promova a consciência sobre saúde mental:** Eduque sua equipe sobre a importância da saúde mental, desmistificando estigmas e promovendo uma cultura de abertura e apoio. Workshops, palestras e recursos informativos podem ser úteis.

- **Ofereça suporte e recursos:** Disponibilize recursos como aconselhamento ou apoio psicológico, seja internamente ou através de parcerias com provedores de serviços de saúde mental. Programas de assistência ao empregado (PAE) podem ser uma valiosa adição aos benefícios da empresa.

- **Crie um ambiente de trabalho positivo:** Fomente um ambiente que valorize a comunicação aberta, a colaboração e o reconhecimento. Práticas de gestão que encorajam o feedback positivo e a celebração de conquistas reforçam a moral e o bem-estar.

- **Encoraje o equilíbrio entre vida profissional e pessoal:**

Promova políticas flexíveis de trabalho, como horários flexíveis ou a possibilidade de trabalho remoto, ajudando os funcionários a gerenciarem melhor suas responsabilidades pessoais e profissionais.

- Fomente hábitos saudáveis: Incentive práticas saudáveis no local de trabalho, como pausas regulares, atividades físicas e alimentação saudável. Espaços de descanso, atividades de bem-estar e iniciativas de saúde podem contribuir significativamente para o bem-estar geral da equipe.

MONITORANDO E ADAPTANDO-SE

É importante monitorar regularmente o bem-estar da sua equipe, utilizando pesquisas de satisfação, avaliações de saúde mental e feedback direto. Esteja aberto a ajustar políticas e práticas com base no que você aprende, mantendo o bem-estar no centro da cultura da sua empresa.

Com um compromisso estabelecido com a saúde mental e o bem-estar no local de trabalho, o próximo passo é explorar como a tecnologia e as ferramentas modernas podem facilitar a gestão do seu negócio. No próximo capítulo, discutiremos a "tecnologia e ferramentas para empreendedores", abordando soluções inovadoras que podem aumentar a eficiência, melhorar a comunicação e impulsionar o crescimento do seu negócio.

Manter a saúde mental e o bem-estar é essencial para desenvolver uma equipe resiliente e motivada, capaz de enfrentar desafios e alcançar metas com sucesso. Ao implementar as estratégias discutidas neste capítulo, você não só promove um ambiente de trabalho saudável, mas também fortalece os alicerces do seu negócio para o sucesso sustentável. Avançamos agora, prontos para abraçar a tecnologia como um aliado no nosso crescimento contínuo.

TECNOLOGIA E FERRAMENTAS PARA EMPREENDEDORES

Na era digital de hoje, a tecnologia desempenha um papel crucial em quase todos os aspectos da gestão de um negócio. Desde otimizar operações até melhorar a comunicação e impulsionar o marketing, as ferramentas tecnológicas certas podem oferecer vantagens competitivas significativas. Este capítulo explora soluções inovadoras que podem ajudar empreendedores a aumentar a eficiência, aprimorar a gestão de clientes e facilitar o crescimento sustentável do negócio.

FERRAMENTAS DE GESTÃO DE PROJETOS

Ferramentas como Asana, Trello e Monday.com permitem que equipes organizem tarefas, acompanhem o progresso e colaborem eficientemente, tudo em uma plataforma unificada. Essas soluções facilitam a delegação de tarefas, estabelecem prazos claros e oferecem visibilidade sobre o andamento de projetos, garantindo que todos estejam alinhados e focados nos objetivos.

SOLUÇÕES DE CRM

Sistemas de Gerenciamento de Relacionamento com o Cliente (CRM) como Salesforce, HubSpot e Zoho CRM ajudam a gerenciar e analisar interações com clientes em todo o ciclo de vida. Ao centralizar dados dos clientes, essas ferramentas fornecem insights valiosos sobre comportamentos e preferências, permitindo personalizar a comunicação e aprimorar a experiência do cliente.

FERRAMENTAS DE COMUNICAÇÃO E COLABORAÇÃO

Plataformas como Slack, Microsoft Teams e Zoom são essenciais para a comunicação interna e externa eficaz. Elas oferecem funcionalidades que vão desde mensagens instantâneas e chamadas de vídeo até compartilhamento de arquivos, facilitando a colaboração em tempo real, independentemente da localização da equipe.

AUTOMATIZAÇÃO DE MARKETING

Ferramentas de automatização de marketing, como o Mailchimp, o Marketo e o ActiveCampaign, permitem criar, gerenciar e otimizar campanhas de marketing. Essas soluções podem automatizar e-mails, segmentar públicos, rastrear interações e fornecer análises detalhadas sobre o desempenho das campanhas, melhorando o ROI do marketing.

SOLUÇÕES DE E-COMMERCE

Para negócios que vendem online, plataformas de e-commerce como Shopify, WooCommerce e Magento oferecem poderosas funcionalidades para criar e gerenciar lojas online. Elas facilitam desde a criação de listagens de produtos até o processamento de pagamentos e o gerenciamento de envios, proporcionando uma experiência de compra suave para os clientes.

ANÁLISE DE DADOS E BI

Ferramentas de análise de dados e Business Intelligence (BI), como Google Analytics, Tableau e Power BI, permitem coletar, processar e visualizar grandes volumes de dados. Essas ferramentas fornecem insights que podem ajudar na tomada de decisões informadas, identificando tendências do mercado, avaliando o desempenho de campanhas e otimizando estratégias de negócios.

Equipado com as ferramentas tecnológicas certas, o próximo passo é focar no desenvolvimento contínuo de habilidades e conhecimento. No próximo capítulo, abordaremos "aprendizado contínuo e desenvolvimento pessoal", destacando a importância da educação contínua e do crescimento pessoal para manter a competitividade e a relevância em um mercado em constante evolução.

A adoção de tecnologia e ferramentas inovadoras é essencial para navegar no ambiente de negócios atual, permitindo que empreendedores otimizem operações, melhorem a satisfação do cliente e impulsionem o crescimento. À medida que avançamos, lembre-se de que a tecnologia é um facilitador, mas o verdadeiro motor do sucesso continua sendo a visão e a dedicação do empreendedor. Avancemos agora, prontos para explorar como o aprendizado contínuo pode nos preparar para os desafios e oportunidades futuras.

APRENDIZADO CONTÍNUO E DESENVOLVIMENTO PESSOAL

Em um ambiente de negócios que se transforma rapidamente, a capacidade de aprender e se adaptar é indispensável. O aprendizado contínuo e o desenvolvimento pessoal não são apenas fundamentais para a manutenção da competitividade; eles também alimentam a inovação, a resiliência e o crescimento tanto pessoal quanto profissional. Este capítulo destaca a importância da educação contínua e oferece estratégias para incorporar o desenvolvimento pessoal na rotina do empreendedor.

CULTIVANDO UMA MENTALIDADE DE CRESCIMENTO

Adotar uma mentalidade de crescimento significa reconhecer que suas habilidades e inteligência podem ser desenvolvidas com esforço, tempo e dedicação. Encare desafios como oportunidades para aprender, e não como barreiras intransponíveis. Essa abordagem promove a resiliência e a motivação para perseguir objetivos ambiciosos, além de estimular a busca constante por conhecimento e aprimoramento.

ESTRATÉGIAS PARA O APRENDIZADO CONTÍNUO

- **Defina objetivos de aprendizagem:** Estabeleça metas claras de aprendizado que estejam alinhadas com suas aspirações de carreira e os objetivos de seu negócio. Isso pode incluir o desenvolvimento de habilidades específicas, a obtenção de certificações ou o aprofundamento em áreas de conhecimento relevantes.

- **Aproveite recursos online:** O acesso a recursos educacionais nunca foi tão amplo. Plataformas como Coursera, edX, Udemy e LinkedIn Learning oferecem cursos em uma variedade de temas, muitos dos quais são ministrados por instituições de renome mundial.

- **Participe de redes e comunidades:** Engajar-se com comunidades e redes profissionais pode proporcionar aprendizado através da troca de experiências, mentorias e networking. Participar de eventos do setor, workshops e seminários também são excelentes maneiras de se manter atualizado sobre as tendências e melhores práticas.

- **Prática reflexiva:** Dedique tempo para refletir sobre suas experiências, sucessos e fracassos. A reflexão é uma parte crucial do processo de aprendizagem, permitindo a internalização de lições aprendidas e a aplicação de novos conhecimentos em situações futuras.

- **Incentive o desenvolvimento da equipe:** Promova uma cultura de aprendizado dentro de sua organização, incentivando os membros da equipe a buscarem seu próprio desenvolvimento pessoal e profissional. Isso pode incluir a alocação de um orçamento para formação, a criação de planos de desenvolvimento individualizados ou a oferta de tempo dedicado ao aprendizado.

Com um compromisso estabelecido com o aprendizado contínuo e o desenvolvimento pessoal, o próximo passo é contemplar a expansão do seu negócio. No próximo capítulo, discutiremos "expansão do negócio e escalabilidade", explorando estratégias para planejar a expansão de forma sustentável e aumentar a escala de suas operações para atender a uma demanda crescente.

O aprendizado contínuo é o combustível para a inovação e o sucesso a longo prazo. Ao investir em seu próprio desenvolvimento e no de sua equipe, você não apenas enriquece suas habilidades e conhecimentos, mas também assegura que seu negócio permaneça dinâmico, adaptável e preparado para os desafios do futuro. Avancemos agora, prontos para explorar as oportunidades de crescimento e expansão que aguardam nosso empreendimento.

EXPANSÃO DO NEGÓCIO E ESCALABILIDADE

A expansão de um negócio é um marco significativo na jornada de qualquer empreendedor. É o resultado do trabalho árduo, inovação contínua e uma estratégia bem-executada. No entanto, crescer de forma sustentável e escalável requer planejamento cuidadoso, recursos adequados e a capacidade de adaptar-se às mudanças de mercado. Este capítulo explora estratégias chave para planejar a expansão do seu negócio e aumentar a escala de suas operações de maneira eficaz.

AVALIANDO A PRONTIDÃO PARA A EXPANSÃO

Antes de embarcar em uma estratégia de expansão, é crucial avaliar se o seu negócio está realmente pronto para crescer. Isso inclui ter uma base sólida de clientes leais, processos operacionais eficientes e uma equipe capaz de lidar com o aumento da demanda. Além disso, a saúde financeira do seu negócio deve ser robusta o suficiente para suportar o investimento necessário para a expansão.

DEFININDO OBJETIVOS DE EXPANSÃO CLAROS

Identifique o que você deseja alcançar com a expansão. Isso pode variar desde a entrada em novos mercados geográficos, a diversificação da linha de produtos ou serviços, até o aumento da capacidade de produção. Definir objetivos claros e mensuráveis ajuda a focar seus esforços e recursos onde eles podem ter o maior impacto.

EXPLORANDO ESTRATÉGIAS DE EXPANSÃO

- **Expansão geográfica:** Entrar em novos mercados pode oferecer oportunidades significativas de crescimento. Realize uma pesquisa de mercado detalhada para entender as necessidades e preferências locais e ajuste sua oferta de produtos ou serviços conforme necessário.

- **Diversificação de produtos/serviços:** Desenvolver novos produtos ou serviços que complementem sua oferta existente pode abrir novos fluxos de receita e fortalecer sua posição no mercado.

- **Parcerias e alianças estratégicas:** Colaborar com outras empresas pode facilitar a entrada em novos mercados, ampliar sua base de clientes e melhorar a eficiência operacional.

- **Franquias e licenciamento:** Para alguns negócios, oferecer franquias ou licenciar sua marca e modelo de negócios para terceiros pode ser uma maneira eficaz de expandir com um investimento relativamente menor.

GARANTINDO ESCALABILIDADE

À medida que seu negócio cresce, é vital que suas operações possam escalar de forma eficiente. Isso pode exigir a automatização de processos, o investimento em tecnologia ou a contratação de mais funcionários. Planeje com antecedência para garantir que a qualidade do seu produto ou serviço seja mantida, mesmo com o aumento da demanda.

MONITORANDO O PROGRESSO E ADAPTANDO-SE

Acompanhe de perto o progresso de sua estratégia de expansão através de métricas chave de desempenho (KPIs) e esteja pronto para ajustar seu plano conforme necessário. O ambiente de negócios é dinâmico, e a capacidade de adaptar-se rapidamente pode ser decisiva para o sucesso da expansão.

Tendo estabelecido um plano sólido para a expansão e escalabilidade do seu negócio, o próximo passo é assegurar que você possa medir efetivamente esse sucesso. No próximo capítulo, abordaremos "avaliação de desempenho e métricas de sucesso", focando em como definir, monitorar e interpretar os indicadores chave que irão guiar seu negócio em direção a seus objetivos de longo prazo.

Expandir um negócio é uma jornada emocionante, repleta de oportunidades e desafios. Com o planejamento adequado, uma equipe dedicada e uma estratégia focada, você pode aumentar significativamente as chances de sucesso da sua expansão. Avancemos agora, equipados para avaliar nosso progresso e ajustar nosso curso conforme navegamos pelo futuro em constante evolução do empreendedorismo.

AVALIAÇÃO DE DESEMPENHO E MÉTRICAS DE SUCESSO

À medida que seu negócio cresce e evolui, uma compreensão clara do seu desempenho torna-se essencial para o sucesso contínuo. Este capítulo foca na importância de estabelecer e monitorar métricas de sucesso, permitindo que você avalie a eficácia das suas estratégias, tome decisões informadas e ajuste seu curso conforme necessário para atingir seus objetivos de longo prazo.

DEFININDO MÉTRICAS DE SUCESSO RELEVANTES

A primeira etapa para uma avaliação eficaz do desempenho é identificar quais métricas de sucesso são mais relevantes para o seu negócio. Essas métricas podem variar significativamente dependendo do setor, do modelo de negócios e dos objetivos específicos da sua empresa. Algumas métricas comuns incluem receita, lucratividade, satisfação do cliente, retenção de clientes e eficiência operacional. Escolha indicadores que reflitam diretamente o progresso em direção aos seus objetivos estratégicos.

IMPLEMENTANDO SISTEMAS DE MONITORAMENTO

Com as métricas definidas, o próximo passo é implementar sistemas para monitorar esses indicadores de forma consistente. Isso pode envolver o uso de software de análise de dados, ferramentas de CRM (Customer Relationship Management) e outros sistemas de tecnologia da informação que coletam e analisam dados automaticamente. Certifique-se de que a coleta de dados seja precisa e confiável para informar adequadamente as decisões de negócios.

ANÁLISE E INTERPRETAÇÃO DE DADOS

A coleta de dados é apenas a primeira parte do processo; a análise e interpretação desses dados são o que realmente permitem que você entenda o desempenho do seu negócio. Aprenda a ler as tendências nos dados, identificar padrões e extrair insights acionáveis. Isso pode revelar áreas de sucesso, bem como oportunidades de melhoria e ajustes necessários em suas estratégias.

FEEDBACK E AJUSTES CONSTANTES

A avaliação de desempenho não é um evento único, mas um processo contínuo. Use as métricas de sucesso para fornecer feedback regular a sua equipe, celebrar conquistas e discutir áreas de melhoria. Esteja preparado para fazer ajustes nas suas estratégias e operações com base nos insights obtidos das suas métricas de sucesso. A capacidade de se adaptar rapidamente com base em feedback real é crucial em um ambiente de negócios dinâmico.

Agora que você estabeleceu um sistema sólido para avaliar o desempenho e monitorar o sucesso do seu negócio, o próximo passo é maximizar suas oportunidades de networking. No próximo capítulo, exploraremos "networking efetivo", fornecendo estratégias para construir e nutrir relações profissionais que podem abrir novas portas e acelerar o crescimento do seu negócio.

Avaliar o desempenho e entender suas métricas de sucesso são práticas essenciais que informam a direção estratégica do seu negócio. Elas oferecem uma base sólida para tomada de decisões informadas, garantindo que seu negócio não apenas alcance, mas também supere seus objetivos. Avancemos agora, prontos para expandir nossa rede de contatos e explorar novas oportunidades que nos aguardam.

NETWORKING EFETIVO

Networking efetivo é uma arte e uma ciência que pode abrir novas portas para seu negócio, criando oportunidades para parcerias, vendas, mentorias e muito mais. Este capítulo oferece orientações sobre como construir e cultivar uma rede de contatos profissionais valiosa, enfatizando a qualidade das conexões, a reciprocidade e a construção de relações genuínas.

ENTENDENDO O VALOR DO NETWORKING

Networking vai além da simples troca de cartões de visita ou adições no LinkedIn. Trata-se de estabelecer conexões significativas que possam trazer benefícios mútuos a longo prazo. Uma rede de contatos sólida pode oferecer acesso a conhecimentos especializados, insights de mercado, recursos, apoio e oportunidades de crescimento.

ESTRATÉGIAS PARA NETWORKING EFETIVO

- **Seja autêntico:** A autenticidade é fundamental. Mostre genuíno interesse pelas pessoas que você conhece, ouvindo ativamente e engajando-se em conversas significativas.

- **Ofereça valor:** Networking é uma via de mão dupla. Pense em como você pode ajudar os outros, seja oferecendo sua expertise, compartilhando recursos ou conectando pessoas.

- **Prepare um discurso de elevador:** Tenha um breve discurso preparado sobre você e seu negócio, destacando o que o torna único e como você pode ser um recurso valioso para outros.

- **Use as mídias sociais a seu favor:** Plataformas como LinkedIn são ferramentas poderosas para networking. Publique conteúdo relevante, participe de discussões e mantenha seu perfil atualizado e profissional.

- **Participe de eventos de networking:** Conferências, workshops e eventos do setor são ótimas oportunidades para conhecer pessoas com interesses e objetivos semelhantes. Virtualmente ou pessoalmente, esses eventos podem ser valiosos para expandir sua rede.

MANUTENÇÃO DE CONTATOS

- **Follow Up:** Após conhecer alguém novo, faça um follow-up com uma mensagem ou e-mail, reiterando o quanto você apreciou a conversa e expressando interesse em manter contato.

- **Mantenha-se presente:** Mantenha contato regular com sua rede, compartilhando atualizações, perguntando sobre seus projetos e oferecendo ajuda quando apropriado.

- **Agradeça:** Sempre agradeça a qualquer assistência, conselho ou recurso que você receber. Um simples agradecimento pode ir longe em fortalecer uma relação.

Com uma abordagem estratégica para networking e a construção de uma rede de contatos sólida em prática, você está bem posicionado para encarar o futuro com confiança. No próximo capítulo, focaremos em "preparação para o futuro e inovação", explorando como você pode antecipar tendências e inovar dentro do seu negócio para manter-se à frente em um mercado em constante mudança.

Networking efetivo é uma habilidade essencial na caixa de ferramentas de um empreendedor. Ao desenvolver e nutrir relacionamentos profissionais, você cria uma base sólida para o sucesso e a longevidade do seu negócio. Avancemos agora, prontos para abraçar o futuro com uma rede de contatos forte e uma mentalidade voltada para a inovação.

PREPARAÇÃO PARA O FUTURO E INOVAÇÃO

Em um mundo empresarial que muda rapidamente, estar preparado para o futuro e priorizar a inovação são aspectos cruciais para manter seu negócio relevante e competitivo. Este capítulo explora como antecipar tendências de mercado, adaptar-se às mudanças e inovar continuamente para assegurar que seu empreendimento não apenas sobreviva, mas prospere nas dinâmicas do futuro.

ANTECIPANDO TENDÊNCIAS DE MERCADO

Manter-se atualizado com as últimas tendências do setor é fundamental para antecipar mudanças e identificar oportunidades emergentes. Isso pode ser alcançado através de:

- **Pesquisa contínua:** Faça da pesquisa de mercado uma atividade contínua. Utilize relatórios de indústria, publicações especializadas, e insights de analistas para se manter informado.

- **Engajamento com a comunidade:** Participe ativamente de fóruns do setor, conferências e workshops. Ouvir e trocar ideias com colegas pode oferecer valiosas perspectivas para onde o mercado está se movendo.

- **Monitoramento da concorrência:** Observe as inovações e estratégias de seus concorrentes. Isso não apenas fornece insights sobre o mercado, mas também inspiração para diferenciar sua oferta.

ADAPTANDO-SE ÀS MUDANÇAS

Flexibilidade e adaptabilidade são essenciais para navegar pelas constantes mudanças do mercado. Algumas estratégias incluem:

- **Cultura de agilidade:** Promova uma cultura que valorize a agilidade e a capacidade de resposta rápida a mudanças. Isso envolve desde a estrutura organizacional até processos operacionais.

- **Feedback contínuo:** Mantenha linhas abertas de

comunicação com clientes e equipe para feedback em tempo real. Isso permite ajustes rápidos em produtos, serviços ou estratégias.

- Planejamento de cenários: Desenvolva planos para vários cenários futuros, considerando diferentes possibilidades de mercado. Isso prepara sua empresa para responder de maneira eficaz a qualquer situação.

INOVANDO CONTINUAMENTE

A inovação não deve ser vista como um projeto único, mas como um componente integrado da sua estratégia de negócios. Para fomentar a inovação contínua:

- Incentive ideias: Crie um ambiente onde todos na empresa se sintam confortáveis para propor novas ideias. Isso pode envolver sessões regulares de brainstorming, caixas de sugestões ou programas de inovação interna.

- Teste e aprenda: Implemente uma abordagem de teste e aprendizado para explorar novas ideias. Protótipos rápidos e pilotos de produtos/serviços permitem testar conceitos no mercado real com risco mínimo.

- Colaboração externa: Considere parcerias com startups, universidades ou institutos de pesquisa. Essas colaborações podem trazer novas perspectivas e acesso a tecnologias inovadoras.

Com uma estratégia proativa para prever o futuro e inovar constantemente em prática, o próximo passo é reforçar a resiliência do seu negócio. No próximo capítulo, "resiliência empreendedora", focaremos em desenvolver a capacidade de recuperar-se de contratempos, manter-se motivado e persistir diante dos desafios, assegurando a sustentabilidade a longo prazo do seu empreendimento.

A preparação para o futuro e a inovação são essenciais para

navegar com sucesso nas ondas de mudança que caracterizam o ambiente de negócios moderno. Ao adotar uma abordagem proativa e cultivar uma cultura de inovação, você coloca seu negócio em uma posição forte para capitalizar em oportunidades futuras e enfrentar desafios com confiança. Avancemos agora, prontos para construir uma fundação de resiliência que sustentará nosso sucesso contínuo.

RESILIÊNCIA EMPREENDEDORA

Resiliência é a capacidade de se recuperar rapidamente de dificuldades; para empreendedores, é uma qualidade indispensável. Este capítulo aborda como desenvolver a resiliência empreendedora, permitindo que você e seu negócio superem contratempos, adaptem-se a mudanças inesperadas e mantenham-se motivados diante dos desafios.

ENTENDENDO A RESILIÊNCIA EMPREENDEDORA

Resiliência empreendedora não se trata apenas de resistir a tempestades, mas também de crescer a partir delas. Envolve a capacidade de manter uma perspectiva positiva, aprender com falhas e usar experiências desafiadoras como trampolins para novas oportunidades.

ESTRATÉGIAS PARA CONSTRUIR RESILIÊNCIA

- **Cultive uma mentalidade positiva:** Encare os desafios como oportunidades de aprendizado e crescimento. Uma atitude positiva ajuda a navegar por tempos difíceis e a ver além dos contratempos imediatos.

- **Estabeleça uma rede de apoio:** Mantenha relações próximas com mentores, colegas empreendedores e uma equipe de confiança. Uma rede de apoio sólida oferece conselhos, encorajamento e perspectivas externas valiosas em momentos críticos.

- **Adote a flexibilidade:** Esteja aberto a mudanças e disposto a ajustar suas estratégias conforme necessário. A flexibilidade permite que você se adapte rapidamente a novas informações ou circunstâncias.

- **Desenvolva habilidades de resolução de problemas:** Aperfeiçoe sua capacidade de identificar problemas, gerar soluções criativas e tomar decisões informadas sob pressão.

- **Mantenha-se focado em seus objetivos de longo prazo:** Mesmo diante de contratempos, mantenha claros seus objetivos de longo prazo. Isso fornece um senso de direção e ajuda a manter a motivação.

CUIDADO PESSOAL COMO FUNDAMENTO DA RESILIÊNCIA

- **Priorize sua saúde física e mental:** O autocuidado é crucial para a resiliência. Isso inclui uma alimentação saudável, exercícios regulares, descanso adequado e práticas de mindfulness ou meditação.

- **Estabeleça limites:** Aprenda a dizer não e a estabelecer limites saudáveis entre o trabalho e a vida pessoal. Isso ajuda a prevenir o esgotamento e garante que você tenha tempo para recarregar.

- **Procure ajuda quando necessário:** Reconhecer quando você precisa de ajuda e buscar suporte profissional é um sinal de força. Seja para desafios de negócios ou questões pessoais, procurar orientação pode fornecer novas soluções e alívio em momentos de estresse.

À medida que encerramos este capítulo, estamos preparados para revisitar as lições aprendidas e aplicá-las em nossa própria jornada empreendedora. No capítulo final, "empoderando-se para o sucesso empreendedor", refletiremos sobre os principais insights deste livro e sobre como você pode aplicar esses princípios para transformar sua visão empreendedora em realidade.

Cada história de sucesso é um testemunho do poder do espírito empreendedor, da importância de nunca desistir diante dos desafios e da capacidade de transformar falhas em alicerces para o futuro. Avancemos agora, inspirados e equipados com o conhecimento para forjar nosso próprio caminho para o sucesso.

EMPODERANDO-SE PARA O SUCESSO EMPREENDEDOR

Ao longo deste livro, exploramos diversas facetas da jornada empreendedora, desde a construção de uma fundação sólida até a superação de desafios e a exploração de novas fronteiras para o crescimento e inovação. Este capítulo final é um convite para refletir sobre as lições aprendidas e considerar como você pode aplicar esses insights para transformar sua visão empreendedora em uma realidade tangível e bem-sucedida.

REFLEXÃO SOBRE A JORNADA

Cada capítulo deste livro ofereceu estratégias, conselhos e histórias inspiradoras projetadas para guiar, inspirar e prepará-lo para os desafios e oportunidades do empreendedorismo. Revisitar essas lições periodicamente pode ajudá-lo a manter o foco, adaptar-se a novas circunstâncias e continuar crescendo tanto pessoal quanto profissionalmente.

APLICANDO AS LIÇÕES APRENDIDAS

- **Construa sobre uma base sólida:** Lembre-se da importância de estabelecer uma missão clara, visão e valores que orientem todas as decisões do seu negócio.

- **Conheça seu mercado:** Mantenha-se informado sobre as tendências do setor e as necessidades dos seus clientes para oferecer soluções relevantes e inovadoras.

- **Esteja preparado para adaptar-se e inovar:** O mundo dos negócios está em constante mudança. Cultive a flexibilidade e uma mentalidade de crescimento para explorar novas oportunidades.

- **Invista em relacionamentos:** Construa uma rede de contatos sólida e mantenha uma equipe engajada. As pessoas são a chave para o sucesso do seu empreendimento.

- **Priorize o bem-estar:** Tanto o seu próprio bem-estar quanto o da sua equipe são essenciais para manter a produtividade e a motivação a longo prazo.

MANTENDO A MOTIVAÇÃO E O FOCO

O caminho para o sucesso empreendedor é cheio de altos e baixos. Manter a motivação e o foco diante das adversidades é crucial. Celebre as pequenas vitórias, aprenda com os fracassos e sempre mantenha sua visão final em mente.

OLHANDO PARA O FUTURO

O fim deste livro marca apenas o início da sua jornada empreendedora. Encare o futuro com confiança, armado com o conhecimento, as habilidades e a determinação para superar desafios e alcançar seus objetivos. Lembre-se de que o sucesso não é um destino, mas uma jornada de constante aprendizado, adaptação e crescimento.

"**Superpoderes aos empreendedores: estratégias para ultrapassar o primeiro ano e decolar**" foi concebido como um guia para navegar a jornada empreendedora com sabedoria, eficácia e coragem. As estratégias e lições compartilhadas aqui destinam-se a empoderar você a transformar suas ideias em ações, suas ações em resultados e seus resultados em um legado duradouro. Avance com paixão, perseverança e um compromisso inabalável com seus sonhos. O mundo espera pela marca única que só você pode deixar.

CONTINUANDO SUA JORNADA

Aqui estão algumas etapas que você pode seguir para continuar sua jornada:

- **Reflita sobre o aprendizado:** Reserve um tempo para refletir sobre os conceitos, estratégias e histórias compartilhadas neste livro. Quais lições ressoaram mais com você? Como você pode aplicá-las ao seu negócio?

- **Plano de ação:** Com base em sua reflexão, desenvolva um plano de ação detalhado para aplicar esses aprendizados. Defina metas claras, etapas específicas e prazos para implementar as estratégias que parecem mais promissoras para o seu negócio.

- Busque comunidade: O empreendedorismo pode ser uma jornada solitária, mas não precisa ser. Procure comunidades de empreendedores, seja online ou localmente. Essas redes podem oferecer suporte, recursos e oportunidades de colaboração.

- Compromisso com o crescimento contínuo: O aprendizado nunca termina. Comprometa-se com o crescimento contínuo, tanto pessoal quanto profissional. Continue buscando conhecimento, desafiando-se e adaptando-se às mudanças do mercado.

- Compartilhe sua história: À medida que você avança, compartilhe sua própria jornada. Suas experiências podem inspirar e orientar outros empreendedores que estão começando. Considere blogar, falar em eventos ou até mesmo mentorear outros empreendedores.

Cada empreendedor trilha um caminho único, repleto de suas próprias vitórias, desafios e aprendizados. O verdadeiro sucesso vem não apenas dos resultados alcançados, mas do crescimento experimentado ao longo da jornada e do impacto positivo que seu negócio tem sobre os outros e sobre o mundo.

Que este livro seja um farol em sua jornada empreendedora, iluminando o caminho à frente com esperança, inspiração e orientação prática. Lembre-se: o futuro é brilhante para aqueles que ousam sonhar grande, trabalhar duro e permanecer resilientes diante da adversidade.

Avance com confiança, criatividade e coragem. O próximo capítulo é seu para escrever, e o mundo está esperando para ver o que você vai criar.

Boa sorte!

Ao virarmos a última página desta jornada juntos, espero sinceramente que os aprendizados compartilhados aqui tenham tocado seu coração e despertado novas perspectivas. Se este livro lhe trouxe algum valor, peço gentilmente que dedique alguns momentos para deixar sua avaliação na Amazon. Suas palavras não apenas me ajudam a crescer e aprimorar minha arte, mas também guiam outros leitores em suas buscas por conhecimento e inspiração. Sua opinião é um presente valioso, tanto para mim quanto para a comunidade de leitores em busca de histórias que transformam. Agradeço de coração por compartilhar esta jornada comigo e espero que possamos nos encontrar novamente nas páginas de uma nova aventura.

REGINALDO OSNILDO

Olá, sou Reginaldo Osnildo, autor e inovador nas áreas de vendas, tecnologia, e estratégias de comunicação. Minha experiência abrange desde o ambiente acadêmico, como professor e pesquisador na Universidade do Sul de Santa Catarina, até a prática como estrategista no Grupo Catarinense de Rádios. Com um doutorado em narrativas de vendas e convergência digital, e um mestrado em storytelling e imaginário social, eu trago para meus leitores uma fusão única entre teoria e prática. Meu objetivo é fornecer conhecimento em uma linguagem simples, prática e didática, incentivando a aplicação direta na vida pessoal e profissional.

Atenciosamente

Prof. Dr. Reginaldo Osnildo

+55 48 991913865

reginaldoosnildo@gmail.com

www.ingramcontent.com/pod-product-compliance
Lightning Source LLC
Chambersburg PA
CBHW070347230526